DR. OETKER

KÜCHENBIBLIOTHEK

FINGERFOOD

MOEWIG

Die Rezepte sind – wenn nicht anders angegeben – für 4 Personen berechnet.

Die Rezepte in diesem Buch sind mit aller Sorgfalt zusammengestellt und überprüft worden; dennoch kann eine Garantie nicht übernommen werden. Eine Haftung des Verlags und seiner Beauftragten für Personen-, Sach- und Vermögensschäden ist ausgeschlossen.

VPM Verlagsunion Pabel Moewig KG, Rastatt

ISBN 3-8118-4768-6

Inhalt

Häppchen, Plätzchen etc.

Olivenbällchen

30 Kugeln

Für den Teig:

1 Pck. (42 g) frische Hefe

1 TL Zucker

125 ml (1/8 l) lauwarmes Wasser

600 g Weizenvollkornmehl

300 ml lauwarmes Wasser

3 EL Olivenöl

3 EL getrocknete italienische Kräuter

1 TL Meersalz

Für die Füllung:

150 g grüne Oliven, mit Paprika gefüllt

150 g abgezogene Mandeln

200 g Ricotta oder Sahnequark

200 g Magerquark

1 EL getrocknete italienische Kräuter

2 EL Olivenöl

1 rote Paprikaschote

1. Für den Teig Hefe mit Zucker und etwas Wasser verrühren und gehen lassen, mit Mehl, Wasser, Öl, Kräutern und Salz mit einem Handrührgerät mit Knethaken zu einem Teig verarbeiten, an einem warmen Ort gehen lassen, bis er sich sichtbar vergrößert hat.

2. Für die Füllung Oliven mit Mandeln im Mixer pürieren, mit Ricotta und Kräutern verrühren.

3. Aus dem Teig 30 kleine Kugeln formen, mit dem Daumen den Teig von der Mitte nach außen zu einem Rand drücken.

4. Mandel-Oliven-Creme mit einem Löffel in die Kugeln geben, andrücken, mit der glatten Seite auf ein gefettetes Backblech legen, gehen lassen, bis die Bällchen sich sichtbar vergrößert haben. Auf der mittleren Schiene in den Backofen schieben.

Ober-/Unterhitze: 180–200 °C (vorgeheizt)
Heißluft: 160–180 °C (nicht vorgeheizt)
Gas: Stufe 3–4 (vorgeheizt)
Backzeit: etwa 20 Minuten.

5. Paprikaschote waschen, halbieren, entstielen, Kerne und weiße Scheidewände entfernen. Schote in sehr schmale Streifen schneiden, auf die gebackenen Olivenbällchen geben und noch warm servieren.

Tip: Die Bällchen mit je 1 Olive füllen.

Bananen-Sechskorntaler

8 Stück

1 mittelgroße Banane
20 g Butter
Salz
Zitronenpfeffer
1 TL Zitronensaft
2 Scheiben Sechskornbrot à 40 g
1 Staude Chicorée
8 Scheiben Bündnerfleisch
1 TL Wasser
8 Blättchen Zitronenmelisse

1. Die Banane schälen und in 8 Scheiben schneiden. Die beiden Endstücke mit der Butter, etwas Salz und dem Zitronenpfeffer zerdrücken. Die restlichen Bananenscheiben mit dem Zitronensaft beträufeln.

2. Mit einem Ausstecher (Ø 4 cm) 8 Taler aus dem Brot ausstechen. Mit der Bananen-Butter bestreichen.

3. Von dem Chicorée den Strunk abschneiden, Chicoréeblätter auf die Taler legen.
Das Büdnerfleisch zu Röschen zusammenschieben, auf den Chicorée setzen, so daß die Spitzen noch sichtbar sind.

4. Die Taler mit den Bananenscheiben belegen und mit je 1 Zitronenmelisse-Blättchen garnieren.

Crostini in den italienischen Landesfarben

6–8 Portionen

300 g filetierter frischer Lachs
Salz
Pfeffer
Muskatnuß
1 EL Zitronensaft
1 EL Balsamico-Essig
1 kleine Schalotte
1 Stangenweißbrot
100 g Mascarpone (80 % Fettgehalt, ersatzweise Crème double)
50 g frischer Lachskaviar
2 Bund Schnittlauch

1. Das Lachsfilet in winzige kleine Würfel schneiden, salzen, pfeffern, mit Muskat, Zitronensaft und Balsamico-Essig würzen. die feingehackte Schalotte hinzufügen. Mit dem Messer grob durchhacken, um alles gründlich zu mischen.

2. Das Weißbrot schräg in knapp 2 cm starke Scheiben schneiden und toasten. Die Scheiben mit Mascarpone bestreichen.

3. Das Lachstatar als einen Streifen rechts daraufsetzen und mit einigen Lachskaviarkügelchen garnieren. Den in Röllchen geschnittenen Schnittlauch links als Streifen anordnen, so daß der weiße Streifen in der Mitte ebenso breit ist.

Tip: Als Getränk paßt ein Campari-Soda gut dazu.

ARI
CAMPAR

Ausgebackene Wurstspieße im Käse-Bierteig

4 Frankfurter Rindswürste (à ca. 125 g)

150 g Weizenmehl
150 ml helles Bier
2 Eier
Salz
80 g alter Holland-Gouda, gerieben

2 EL Weizenmehl zum Wenden
1 l Fett zum Ausbacken

Für die Sauce:

1 Pck. Tomatenstücke mit Zwiebeln (Tomato al Gusto)
grob gemahlener schwarzer Pfeffer
einige Tropfen Tabasco
1 Knoblauchzehe
1 Bund gehackte Petersilie
100 g Tomatenpaprika (Glas)

1. Würste in jeweils 5 Stücke teilen und auf vier Holzspieße stecken.

2. Aus Mehl, Bier, Eigelb, Salz und geriebenem Käse einen dicken Teig rühren. Eiweiß zu Schnee schlagen, zum Schluß unter den Teig rühren.

3. Wurstspieße zuerst in Mehl, dann im Teig wenden. In einer Friteuse in heißem Fett schwimmend in 5 Minuten goldbraun ausbacken.

4. Für die Sauce Tomatenstücke mit grobem Pfeffer, Tabasco, zerdrückter Knoblauchzehe, gehackter Petersilie und gewürfeltem Tomatenpaprika verrühren. Zu den heißen Wurstspießen servieren.

Schinkenrollen mit Quarkmeerrettich

- 1 TL gemahlene Gelatine, weiß
- 2 EL kaltes Wasser
- 250 g Magerquark
- 2–4 EL geriebener Meerrettich
- 1 EL Zitronensaft
- Salz, Zucker
- 250 ml (1/4 l) Schlagsahne
- 8 große Scheiben gekochter Schinken
- Tomatenviertel, Petersilie

1. Gelatine mit Wasser in einem kleinen Topf anrühren, 10 Minuten zum Quellen stehenlassen und unter Rühren anwärmen, bis sie gelöst ist.

2. Quark mit Meerrettich und Zitronensaft verrühren, mit Salz und Zucker abschmecken.

3. Sahne fast steif schlagen und die lauwarme Gelatinelösung hinzufügen. Sahne vollkommen steif schlagen und vorsichtig unter den Quark heben, evtl. nochmals abschmecken.

4. Auf den Schinkenscheiben verteilen, aufrollen und fest werden lassen. Schinkenrollen auf einer Platte mit Tomatenvierteln und Petersilie anrichten.

Beigabe: Toast.

Tatar auf Weißbrot

- 4 Scheiben Weißbrot
- 2 EL Butter
- 200 g Tatar (Beefsteakhack)
- 1 TL Kapern
- Salz, Pfeffer
- 1 Zwiebel
- 1 hartgekochtes Ei
- 1 TL Schnittlauchröllchen

1. Getoastetes Brot mit Butter bestreichen.

2. Tatar mit Kapern, Salz und Pfeffer abschmecken, auf den Brotscheiben verteilen.

3. Zwiebel abziehen, in feine Ringe schneiden. Ei fein hacken. Die Brote mit Zwiebeln, Ei und Schnittlauch garnieren.

Fleischklößchen auf syrische Art (Foto)

- 750 g Lammfleisch
- 250 g gekochte Möhren
- 1–2 Knoblauchzehen
- 150 g gekochter Reis (50 g Rohware)
- 2 Eier
- Salz
- frisch gemahlener Pfeffer
- Currypulver
- 10 EL Sesamsamen
- 1 l Speiseöl oder 1 kg Kokosfett

1. Lammfleisch unter fließendem kaltem Wasser abspülen, trockentupfen, von Fett und Haut befreien, mit Möhren durch die feine Scheibe des Fleischwolfs drehen.

2. Knoblauchzehen abziehen, zerdrücken, mit Reis und Eiern zu der Fleischmasse geben, vermengen, mit Salz, Pfeffer und Curry würzen. Die Masse gut vermengen, aus dem Fleischteig etwa 50 walnußgroße Klößchen formen, die Hälfte in Sesam wälzen.

3. Fett in einem Fonduetopf erhitzen, auf dem Rechaud köcheln lassen. Die Klößchen portionsweise etwa 5 Minuten backen, auf Haushaltspapier abtropfen lassen, heiß servieren.

Tip: Dazu Fladenbrot, Mixed Pickles und Aprikosensauce mit Curry reichen.

Rinderfiletscheiben, fruchtig und pikant

20 Portionen

2 x 1 kg Rinderfilet (jeweils aus der Mitte geschnitten)
4–5 EL Speiseöl
Salz
frisch gemahlener Pfeffer

Für den Aspik:

1 Pck. gemahlene Gelatine, weiß
4 EL kaltes Wasser
400 ml klare Ochsenschwanzsuppe (aus der Dose)
1–2 EL Madeira

1. Vorschlag:

12 gedünstete Aprikosenhälften
12 Cocktailkirschen
Zitronenmelisse

2. Vorschlag:

200 g gedünstete Erbsen
1 TL gemahlene Gelatine, weiß
1 EL kaltes Wasser
1 Becher (150 g) Crème fraîche
geriebene Muskatnuß
Pilz-Sojasauce (Asialäden)
1–2 Tomaten
Petersilienblättchen

1. Rinderfilets unter fließendem kaltem Wasser abspülen, trockentupfen und evtl. Haut entfernen. Speiseöl in einer großen Bratpfanne erhitzen, Filets von allen Seiten etwa 5 Minuten darin anbraten, mit Salz und Pfeffer würzen, in eine feuerfeste Form legen, das Bratfett darübergießen und die Form auf dem Rost in den Backofen schieben. Die Filets während des Bratens ab und zu wenden und mit dem Bratensatz begießen.

Ober-/Unterhitze: 220–250 °C (vorgeheizt)
Heißluft: 200–220 °C (nicht vorgeheizt)
Gas: Stufe 6–7 (vorgeheizt)
Bratzeit: etwa 30 Minuten.

2. Die garen Rinderfilets aus dem Backofen nehmen und erkalten lassen. Jedes Filet in 14–16 Scheiben schneiden.

3. Für den Aspik Gelatine mit kaltem Wasser in einem kleinen Topf anrühren und 10 Minuten zum Quellen stehenlassen. Unter Rühren erwärmen, bis sie gelöst ist. Ochsenschwanzsuppe zum Kochen bringen, von der Kochstelle nehmen und durch ein Sieb gießen. Madeira unterrühren. Gelatine hineingeben, so lange rühren, bis sie gelöst ist, und kalt stellen.

4. Sobald die Flüssigkeit dicklich zu werden beginnt, die garnierten Filetscheiben damit bestreichen. Die restliche Aspik-Flüssigkeit auf einen Teller gießen und im Kühlschrank erstarren lassen. Aspik in kleine Würfel schneiden, mit den glasierten Filetscheiben auf einer großen Platte anrichten.

Die Filetscheiben wie folgt garnieren:

1. Vorschlag:
Aprikosenhälften mit mit jeweils 1 Cocktailkirsche füllen, jeweils 2 Aprikosenhälften auf 3 Filetscheiben anrichten und mit Zitronenmelisse garnieren.

3. Vorschlag:

1/2 reife Mango

6 Walnußkernhälften

4. Vorschlag:

80 g Gänseleberpastete

12 Mandarinenspalten (aus der Dose)

Pistazienkerne

5. Vorschlag:

200 g Geflügelleber

1 EL Butterschmalz

italienische Kräuter

75 g weiche Butter

Madeira oder Weinbrand

1 hartgekochtes Ei

2–3 Oliven, mit Paprika gefüllt

6. Vorschlag:

3 EL Mandarinenspalten (aus der Dose)

gehackte Pistazienkerne

2. Vorschlag:
Erbsen pürieren und durch ein Sieb streichen. Gelatine mit Wasser in einem kleinen Topf anrühren und 10 Minuten quellen lassen. Unter Rühren erwärmen, bis sie gelöst ist, unter das Erbsenpüree rühren. Crème fraîche unterheben. Die Erbsencreme mit Salz, Pfeffer, Muskat und Pilz-Sojasauce würzen. Die Creme in einen Spritzbeutel mit gezackter Tülle füllen und einen Ring auf den Rand von 6 Filetscheiben spritzen. Tomaten waschen, Stengelansätze herausschneiden, Tomaten halbieren, entkernen, das Tomatenfleisch in kleine Würfel schneiden und auf Küchenpapier abtropfen lassen. Die gespritzten Ringe mit Tomatenwürfeln füllen und mit Petersilie garnieren.

3. Vorschlag:
Mango schälen, entsteinen und in 12 Spalten schneiden. Filetscheiben mit jeweils 2 Mangospalten über Kreuz belegen und mit jeweils einer Walnußkernhälfte garnieren.

4. Vorschlag:
Gänseleberpastete kühl stellen, in 6 Scheiben schneiden und 6 Filetscheiben damit belegen. Mandarinenspalten abtropfen lassen. Jeweils 2 Mandarinenspalten auf jede Pastetenscheibe legen. Jede Filetscheibe mit Pistazienkernen garnieren.

5. Vorschlag:
Geflügelleber waschen, trockentupfen und evtl. Haut entfernen. Butterschmalz erhitzen, die Leber etwa 3 Minuten von allen Seiten darin braten, mit Salz, Pfeffer und Kräutern würzen, erkalten lassen und pürieren. Mit Butter verrühren, nochmals mit Salz, Pfeffer, Madeira oder Weinbrand abschmecken. Die Masse in einen Spritzbeutel mit gezackter Tülle füllen. Auf etwa 8 Filetscheiben Rosetten spritzen. Ei pellen, in Scheiben schneiden und auf jede Rosette 1 Eischeibe legen. Oliven in Scheiben schneiden und jeweils 1 Scheibe auf jede Eischeibe legen.

6. Vorschlag:
Madarinenspalten abtropfen lassen, auf 3 Filetscheiben verteilen und mit Pistazien garnieren.

Mortadellahäppchen (Foto)

300 g Mortadella (in Scheiben)
2 Gewürzgurken
1 grüne Paprikaschote
1 kleine, gelbe Paprikaschote
200 g Fleischtomaten
20 gefüllte grüne Oliven
100 g Speisequark
4 EL Milch
2 EL Gurkenflüssigkeit
3 EL geriebene Zwiebel
1 EL trockener Sherry
Salz, Pfeffer
2 TL Zitronensaft
30 Pumpernickeltaler
100 g Butter
30 Cornichons

1. Mortadella in Würfel schneiden. Gurken längs in feine Scheiben und dann quer in Streifen schneiden. Paprikaschoten halbieren, entstielen, Kerne und weiße Scheidewände entfernen, Schoten unter fließendem kaltem Wasser waschen, in Streifen schneiden.

2. Tomaten unter fließendem kaltem Wasser waschen, Stengelansätze entfernen und Tomaten in schmale Spalten schneiden. Oliven in Scheiben schneiden.

3. Aus Quark, Milch, Gurkenflüssigkeit, geriebener Zwiebel und Sherry eine Salatsauce rühren. Mit Salz, Pfeffer und Zitronensaft würzen. Mit den Salatzutaten vermengen.

4. Pumpernickeltaler mit Butter bestreichen, Masse gleichmäßig auf die Scheiben streichen und mit fächerförmig eingeschnittenen Cornichons garnieren.

Mozzarella im Schinkenhemd

250 g Mozzarella
100 g Parmaschinken
1 Bund Schnittlauch
Basilikumblättchen

1. Käse in knapp fingerdicke Streifen schneiden. Jeden Streifen mit einer längs doppelt gefalteten Scheibe Schinken umwickeln, so daß oben und unten noch ein Stück Käse sichtbar bleibt.

2. Den Schinken mit einem abgespülten Schnittlauchhalm umwickeln und je ein Basilikumblättchen einbinden.

Tatar-Häppchen

20 Stück

- 3 Schalotten
- 2 Cornichons
- 1 Eigelb
- 250 g Tatar (Beefsteakhack)
- Salz, 1 EL Kapern
- 1 TL scharfer Senf
- frisch gemahlener Pfeffer
- Paprika edelsüß
- 3–4 große Friséesalatblätter
- 20 Pumpernickeltaler
- 50 g Butter
- 3 Cocktailtomaten

1. Schalotten abziehen und zusammen mit den Cornichons in kleine Würfel schneiden. Cornichonwürfel, Eigelb, die Hälfte der Schalottenwürfel und Tatar vermengen. Mit Salz, Kapern, Senf, Pfeffer und Paprika abschmecken.

2. Friséeblätter unter fließendem kaltem Wasser abspülen, trockentupfen und in kleine Stücke teilen. Pumpernickelscheiben mit Butter bestreichen, Salatblätter darauf legen und darauf die Tatarmischung geben.

3. Cocktailtomaten waschen und vierteln. Tomatenviertel zusammen mit den restlichen Schalottenwürfeln auf die Häppchen verteilen.

Fleischklößchen mit Roquefortfüllung

16 Stück

- 1 Brötchen
- 1 Zwiebel, 1 Knoblauchzehe
- 1 EL Speiseöl
- 500 g Rindergehacktes
- 2 Eier
- 2 EL Tomatenketchup
- 2 EL gehackte Petersilie
- Salz, Pfeffer
- 100 g Roquefortkäse
- 60 g Semmelbrösel
- 1 kg Ausbackfett

1. Brötchen in kaltem Wasser einweichen, gut ausdrücken. Zwiebel und Knoblauch abziehen, fein würfeln.

2. Öl erhitzen, Zwiebel- und Knoblauchwürfel darin glasig dünsten lassen, mit Brötchen, Rindergehacktem, Eiern, Tomatenketchup, Petersilie, Salz und Pfeffer gut vermengen.

3. Käse in kleine Stücke schneiden, aus dem Fleischteig 16 walnußgroße Klößchen formen, ein Loch in jedes Klößchen drücken, ein Stück Roquefort hineingeben, die Klößchen wieder gut zusammendrücken, in Semmelbröseln wenden.

4. Portionsweise schwimmend in siedendem Ausbackfett jeweils etwa 5 Minuten ausbacken, auf Haushaltspapier abtropfen lassen, heiß oder kalt servieren.

Joghurthörnchen mit Käse

6–8 Portionen

150 g Joghurt
125 ml (1/8 l) Olivenöl
125 g geriebenen Schafskäse
2–3 EL Milch
2 Eier
1 EL Zucker
1 Prise Salz
500 g Weizenmehl
1 TL Backpulver
Weizenmehl zum Ausrollen
Olivenöl zum Ausfetten
2 Eigelb
2 EL Olivenöl
3 EL Mohn
3 EL Sesamsaat

1. Joghurt und Olivenöl in eine Schüssel geben und glattrühren. Schafskäse mit Milch verrühren, mit Eiern und Zucker zum Joghurt geben.

2. Salz mit Mehl und Backpulver vermischen und auf eine Arbeitsfläche sieben. Eine Mulde eindrücken und die Joghurtmasse hineingeben. Die Zutaten von außen nach innen zu einem glatten Teig verkneten. Teig in ein feuchtes Küchentuch wickeln und mindestens 1 Stunde ruhen lassen.

3. Teig auf einer bemehlten Arbeitsfläche dünn ausrollen. Mit einem Messer Dreiecke ausschneiden. Dreiecke von der breiten Seite her zusammenrollen und zu Hörnchen formen.

4. Ein Backblech mit Olivenöl ausfetten und die Hörnchen darauflegen.

5. Eigelb mit Öl verrühren und die Hörnchen damit bestreichen. Je nach Geschmack die Hörnchen mit Mohn oder Sesam bestreuen und im Backofen backen.

Ober–/Unterhitze: etwa 180 °C (vorgeheizt)
Heißluft: etwa 160 °C (nicht vorgeheizt)
Gas: etwa Stufe 3 (vorgeheizt)
Backzeit: je nach Größe 15–20 Minuten.

6. Herausnehmen und warm oder kalt servieren.

Roastbeefhäppchen

4 Scheiben Graubrot
30 g Butter
8 Scheiben gebratenes Roastbeef
Kapern
Tomatenachtel
Petersilie

1. Graubrot mit Butter bestreichen und vierteln.

2. Roastbeef halbieren, etwas zusammenfalten, die Brotstücke damit belegen und mit Kapern, Tomatenachteln und Petersilie garnieren.

Kräuterkränze

Für den Hefeteig:

500 g Weizenmehl
1 Würfel (42 g) frische Hefe
1 TL Zucker
knapp 200 ml lauwarmes Wasser
1,5 TL Salz
200 g gekochte, geschälte Kartoffeln
1 Becher (150 g) Crème fraîche
6 EL Olivenöl
2 TL Kräuter der Provence
1 EL Olivenöl zum Einfetten

Für den Belag:

1 Eigelb
2 EL Schlagsahne
1 EL Mohn
1 EL Sesamsamen
75 g geriebener Käse, z. B. Emmentaler
50 g Kürbiskerne

1. Für den Teig Mehl in eine Schüssel sieben. In die Mitte eine Vertiefung drücken. Hefe hineinbröckeln, Zucker und etwas Wasser hinzufügen. Mit einer Gabel vorsichtig verrühren und etwa 10 Minuten gehen lassen.

2. Restliches Wasser und Salz hinzugeben und mit Handrührgerät mit Knethaken zunächst auf niedrigster, dann auf höchster Stufe in 5 Minuten zu einem Teig verarbeiten. Den Teig zugedeckt so lange an einem warmen Ort stehen lassen, bis er sich sichtbar vergrößert hat.

3. Kartoffeln durch die Kartoffelpresse geben, mit Crème fraîche und Öl zum Vorteig geben und mit Handrührgerät mit Knethaken in 5 Minuten zu einem glatten Teig verarbeiten. An einem warmen Ort gehen lassen, bis er sich sichtbar vergrößert hat.

4. Den Teig in 16 Stücke teilen. Ein Teigstück jeweils zu zwei Schnüren rollen, die Teigschnüre miteinander verdrehen und zu einem Kranz formen. Auf ein gefettetes Backblech geben und nochmals gehen lassen, bis er sich sichtbar vergrößert hat.

5. Für den Belag die Kränze mit Eigelb-Sahne-Gemisch bestreichen und je 4 Kränze mit Mohn, Sesam, Käse und Kürbiskernen bestreuen. Das Backblech in den Backofen schieben.

Ober-/Unterhitze: 180–200 °C (vorgeheizt)
Heißluft: 160–180 °C (nicht vorgeheizt)
Gas: Stufe 3–4 (vorgeheizt)
Backzeit: etwa 30 Minuten.

Wiener Speckplätzchen

150 g fetter Speck
1 kleine Zwiebel
250 g Weizenmehl
50 g Speisestärke
1 gestr. TL Backpulver
knapp 1 gestr. TL Salz
1 Eiweiß
3 EL Wasser
1 Eigelb
1 EL Milch
Kümmelsamen
grobes Salz
geriebener Käse

1. Speck in kleine Würfel schneiden und auslassen. Zwiebel abziehen, in feine Würfel schneiden, zu dem fast ausgelassenen Speck geben, goldgelb dünsten lassen, kalt stellen.

2. Mehl mit Speisestärke und Backpulver mischen, auf die Arbeitsfläche sieben, in die Mitte eine Vertiefung eindrücken.

3. Salz, Eiweiß und Wasser in die Vertiefung geben, mit einem Teil des Mehls zu einem dicken Brei verarbeiten, darauf das erkaltete Fett mit Grieben und Zwiebelwürfeln geben, mit Mehl bedecken, von der Mitte aus alle Zutaten schnell zu einem glatten Teig verkneten.

4. Aus dem Teig etwa 3 cm dicke Rollen formen, so lange kalt stellen, bis sie hart geworden sind, in 1/2 cm dicke Scheiben schneiden, auf ein Backblech legen.

5. Eigelb mit Milch verschlagen, die Teigplätzchen damit bestreichen, mit Kümmel, Salz und Käse bestreuen, in den Backofen schieben.

Ober-/Unterhitze: 180–200 °C (vorgeheizt)
Heißluft: 160–180 °C (nicht vorgeheizt)
Gas: Stufe 3–4 (vorgeheizt)
Backzeit: 10–12 Minuten.

Bitterballen mit altem Gouda

34 Stück

250 g gekochtes oder gebratenes Fleisch (Reste)
30 g Butter
40 g Weizenmehl
250 ml (1/4 l) Milch
1 Zwiebel
2 TL Worcestersauce
Salz
Muskat
1 Bund Petersilie
125 g Holland-Gouda, alt
2 Eigelb
100 g Semmelbrösel
1 l Ausbackfett

1. Fleisch durch einen Fleischwolf drehen, beiseite stellen.

2. Butter im Topf schmelzen, Mehl darin durchrösten, von der Herdplatte ziehen. Milch hinzugießen, glattrühren und unter ständigem Weiterrühren 2–3 Minuten kochen lassen.

3. Mit feingewürfelter Zwiebel, Worcestersauce, Salz Muskat und gehackter Petersilie würzen.

4. Durchgedrehtes Fleisch zugeben und unter Rühren noch 2 Minuten bei milder Hitze kochen lassen. Käse in kleine Würfel schneiden.

5. Etwa 34 Teigportionen mit je einem Käsewürfel füllen und zu Bällen rollen. In mit 3–4 Eßlöffel Wasser verquirltem Eigelb, dann in Semmelbröseln wenden. Gut andrücken und etwa 60 Minuten trocknen lassen.

6. Ausbackfett in einer Friteuse auf 185°C erhitzen. Bitterballen in mehrere Portionen 2–3 Minuten goldbraun backen.

Tip: Mit oder ohne Salat der Saison anrichten. Nach Belieben mit Senf servieren.

Canapés in vielen Variationen

Roquefort-Canapés (Foto)

12 Stück

- 75 g Roquefort
- 150 g Sahnequark
- 1 EL gemahlene Haselnußkerne
- 1 TL mittelscharfer Senf
- Worcestersauce
- Zitronensaft
- 12 Kräcker
- grober rosa Pfeffer
- 2 EL gehackte Petersilie

1. Roquefort mit einer Gabel zerdrücken. Quark und Haselnußkerne unter den Käse rühren. Mit Senf, Worcestersauce und Zitronensaft abschmecken.

2. Die Masse in einen Spritzbeutel mit gezackter Tülle füllen und auf die Kräcker spritzen.

3. Mit Pfeffer bestreuen und mit Petersilie garnieren.

Frischkäsekugeln mit Sonnenblumenkernen

etwa 20 Kugeln

- 1 Bund Schnittlauch
- 1 Bund Estragon
- je 1/2 rote, gelbe und grüne Paprika
- 500 g Frischkäse
- Pfeffer
- 10 EL geröstete Sonnenblumenkerne
- Salatblätter
- ca. 20 Pumpernickeltaler

1. Die Kräuter abspülen, trockentupfen, hacken. Paprika waschen, vierteln, entkernen und würfeln.

2. Käse, Kräuter und gewürfelte Paprika gut mischen, mit Pfeffer abschmecken und kleine Kugeln formen.

3. Die Kugeln in gerösteten Sonnenblumenkernen wälzen. Salatblätter auf die Pumpernickeltaler legen und die Käsekugeln daraufsetzen.

Verwarnungen,
Platzmannschaft:

Zucchini-Canapés

ca. 20 Stück

2 Zucchini
2 EL Speiseöl
100 g Hüttenkäse
125 g saure Sahne
Salz
frisch gemahlener Pfeffer
1 Möhre
1 Apfel
Kresse

1. Zucchini waschen, trockentupfen, Enden abschneiden. Zucchini schräg in 1 cm dicke Scheiben schneiden, kurz in heißem Öl anbraten und auf Küchenpapier abtropfen lassen.

2. Aus Hüttenkäse, saurer Sahne, Salz und Pfeffer eine Marinade rühren.

3. Zucchinischeiben leicht aushöhlen, innen salzen und pfeffern. Zucchinifleisch kleinschneiden und unter die Marinade rühren.

4. Möhre und Apfel putzen und schälen, Apfel vierteln, Kerngehäuse entfernen und zusammen mit der Möhre raspeln. Apfel- und Mandelraspel unter die Marinade rühren.

5. Masse gleichmäßig auf den Zucchinischeiben verteilen. Kresse waschen und trockentupfen und die Canapés damit garnieren.

Tip: Nach Belieben die Zucchini-Canapés auf gebutterte Pumpernickeltaler setzen.

Garnelen-Canapés

16 Stück

16 Mini-Tacos
50 g Butter
175 g Garnelen ohne Schale
35 g mexikanische Gewürzmischung
1 Kästchen Kresse

1. Tacos im Backofen nach Packungsaufschrift aufbacken.

2. Butter in einer Pfanne schmelzen. Garnelen und Gewürzmischung gut verrühren und 2–3 Minuten erhitzen.

3. Garnelen auf die Tacos verteilen und mit gewaschener und trockengetupfter Kresse garnieren.

Käsekugeln mit Sonnenblumenkernen

ca. 16 Stück

80 g Sonnenblumenkerne
200 g Camembert
70 g weiche Butter
2 Msp. Kreuzkümmel
1 Msp. Knoblauchpulver
1 Prise Salz
weißer Pfeffer

1. Die Sonnenblumenkerne ohne Fett in einer Pfanne rösten, davon 20 g hacken.

2. Den Camembert entrinden, mit einer Gabel zerdrücken und mit der Butter vermengen. Die Gewürze und die gehackten Sonnenblumenkerne untermengen. Die Masse 30 Minuten kalt stellen.

3. Nach dem Kühlen die Masse zu Kugeln (Ø etwa 25 mm) formen, dazu die Hände leicht anfeuchten und die Kugeln in den restlichen Sonnenblumenkernen wenden. Die fertigen Kugeln 2 Stunden kühlen.

Appetithappen mit Mayonnaise

1/2 kg verschiedene Brotsorten (Schwarz-, Grau-, Weißbrot)

100 g Butter

einige Salatblätter

200–300 g Delikateß-aufschnitt (z. B. Roastbeef, Parmaschinken)

300–400 g verschiedene geräucherte Fische (z. B. Lachs, Forelle, Aal...)

Delikateßmayonnaise Remoulade, Sahne-Meerrettich (aus der Tube)

Zum Verzieren:

Wachteleier, Essiggemüse, Kirschtomaten, Kräuter, Kaviar

1. Das Brot in verschiedene Formen schneiden bzw. ausstechen, mit etwas Butter bestreichen. Die Salatblätter und den Aufschnitt dekorativ darauflegen.

2. Mit den Tuben kleine Mayonnaise-, Remouladen- oder Meerrettich-Röschen aufspritzen.

3. Die belegten Brote nach Geschmack mit den Eiern, Gemüsen, Kräutern und Kaviar verzieren.

Steinpilz-Canapés mit Wachtelei

20 Stück

30 g Butter

20 Wachteleier

5 Toastbrotscheiben

1 Grundrezept Steinpilzbutter

1. Butter in einer Pfanne zerlassen, Wachteleier einzeln aufschlagen und als Spiegeleier braten.

2. Toastbrotscheiben vierteln, rund ausstechen. Steinpilzbutter darauf gleichmäßig verstreichen.

3. Spiegeleier in Größe der Canapés kreisförmig zurechtschneiden und auf die Canapés legen.

Krabben-Canapés

10 Stück

2 Schalotten
75 g Frischkäse
frisch gemahlener weißer Pfeffer
Salz
10 Kräcker
20 gepulte Krabben
1/2 Bund Dill

1. Schalotten abziehen und sehr fein schneiden. Mit Frischkäse verrühren und mit Pfeffer und Salz abschmecken. Auf die Kräcker streichen.

2. Krabben unter fließendem kaltem Wasser waschen, trockentupfen und auf den Frischkäse legen.

3. Dill abspülen und trockentupfen, kleine Dillfähnchen abzupfen und damit die Krabbenhäppchen garnieren.

Zwiebelsäckchen (Foto)

16 Stück

20 g flüssige Butter zum Bestreichen
16 kleine blaue Zwiebeln
1 Scheibe Graubrot (Bauernbrot)
2 Scheiben Knollensellerie (1/2 cm dick)
4 EL Sonnenblumenöl
1 mittelgroße Banane
2 TL Zitronensaft
5 Zweige frischer Thymian
2 EL gehackte Petersilie
Zitronenpfeffer
Salz
Alufolie

1. Die Alufolie in 16 Quadrate (à 12 cm Seitenlänge) schneiden, in der Mitte jeweils mit Butter bestreichen.

2. Die Zwiebeln oben gerade abschneiden, mit einem Teelöffel oder kleinen Küchenmesser aushöhlen.

3. Das Graubrot in kleine Würfel, den Sellerie in ganz feine Würfelchen schneiden. Beides kurz in Öl rösten.

4. Die Banane zerdrücken, mit Zitronensaft beträufeln. Mit den Brotwürfeln in einer Schüssel vermengen.

5. Den Thymian zupfen, fein hacken und mit der Petersilie und den Gewürzen zu der Masse geben und in die Zwiebeln füllen. Die Zwiebeln auf die Folienquadrate setzen und diese oben sackförmig zudrehen. Etwa 25 Minuten auf dem Grill garen. Aus der Folie nehmen und zu Graubrot reichen.

Schafskäse-Canapés

15 Stück

- 15 Pumpernickeltaler
- 3 EL Butter
- 375 g Schafskäse
- 1 Becher (150 g) Crème fraîche
- 1 Knoblauchzehe
- 1 EL grüner Pfeffer
- 1 Bund Basilikum
- Cocktailtomaten

1. Pumpernickeltaler mit Butter bestreichen. Schafskäse zerbröckeln und mit Crème fraîche verrühren.

2. Knoblauchzehe abziehen und zerdrücken, in die Käsemasse rühren.

3. Pfeffer zerdrücken. Basilikum unter fließendem kaltem Wasser abspülen, trockentupfen, Blätter abzupfen.

4. Einige Blätter zum Garnieren beiseite stellen, restliche kleinschneiden und zusammen mit dem Pfeffer unter die Käsemasse rühren. Masse auf Pumpernickeltaler verteilen.

5. Cocktailtomaten unter fließendem kaltem Wasser waschen, trockentupfen und in Viertel schneiden. Canapés mit Basilikumblättchen und Tomatenvierteln dekorativ belegen.

Käse- und Oliven-Canapés

insgesamt 24 Stück

- 300 g Frischkäse
- 4 EL Schlagsahne
- 30 g weiche Butter
- 1 TL Paprikapulver edelsüß
- Salz
- frisch gemahlener Pfeffer
- 12 Cräcker
- 12 Pumpernickeltaler
- 24 gefüllte Oliven mit Mandeln und Paprika
- 1 EL Schnittlauchröllchen

1. Frischkäse mit Sahne, Butter, Paprika, Salz und Pfeffer zu einer cremigen Masse verrühren.

2. Die Käsecreme in einen Spritzbeutel mit Sterntülle füllen und auf Cräcker und Pumpernickeltaler Rosettten spritzen.

3. Mit gefüllten Oliven und Schnittlauchröllchen garnieren, mit je einem Stick versehen und anrichten.

Fleischsalat-Canapés

etwa 20 Stück

500 g gekochtes Fleisch (Schwein, Rind oder Huhn)
1 Zwiebel
einige Basilikumblättchen
4 Cornichons
2 Knoblauchzehen
2 EL Weißweinessig

2 EL Speiseöl
1 TL mittelscharfer Senf
2 EL Speisequark
1/2 Bund Petersilie
Salz, Pfeffer
4 große Scheiben helles Vollkornbrot
2 EL Butter
Kapern

1. Fleisch in dünne Streifen schneiden. Zwiebel abziehen, halbieren. Basilikumblätter abspülen, trockentupfen. Zwiebeln und Basilikum in Streifen schneiden. Cornichons in Scheiben schneiden. Knoblauchzehen abziehen, in kleine Würfel schneiden.

2. Essig mit Öl, Senf und Quark verrühren. Petersilie abspülen, trockentupfen, hacken und unter die Quarkmasse rühren. Mit Salz und Pfeffer abschmecken, mit den Salatzutaten vermengen. 1 Stunde durchziehen lassen.

3. Aus hellem Vollkornbrot kleine runde Scheiben ausstechen, dünn mit Butter bestreichen und den Fleischsalat darauf verteilen. Mit Kapern dekorativ bestreuen.

Köstlichkeiten mit Dips

Brandteig-Käsekrapfen

- 200 g alter Gouda
- 250 ml (1/4 l) Wasser
- 50 g Butter
- Salz
- Pfeffer
- 200 g gesiebtes Weizenmehl
- 5 Eier (Gewichtsklasse 3)
- Fett zum Ausbacken

1. Käse reiben, 100 g geriebenen Käse beiseite stellen.

2. Wasser mit Butter, Salz und Pfeffer aufkochen. Mehl auf einmal hineinschütten und so lange rühren, bis sich die Masse als Kloß vom Topfboden löst. Topf von der Herdplatte ziehen, sofort ein Ei unter den heißen Teig schlagen.

3. In in eine Schüssel geben, etwa 5 Minuten abkühlen lassen und nach und nach die restlichen Eier unterrühren. Zum Schluß 100 g Käse darunterrühren.

4. Fett in der Friteuse auf 175–180 °C erhitzen. Mit zwei in das heiße Fett getauchten Teelöffeln Bällchen abstecken und portionsweise in Fett schwimmend in 5–6 Minuten goldgelb ausbacken.

5. Noch heiß in geriebenen Käse wälzen.

Tip: Mit einer Kräutersauce servieren.

Hüttenkäse-Dip

- 100 g Staudensellerie
- 1 Bund Schnittlauch
- 150 g Hüttenkäse
- 75 g Joghurt
- 2 EL Sherry medium
- Salz
- frisch gemahlener weißer Pfeffer

1. Sellerie schälen, waschen, die harten Außenfäden abziehen, in feine Würfel schneiden. Schnittlauch abspülen, trockentupfen, fein schneiden.

2. Beide Zutaten, bis auf etwas zum Garnieren, mit Hüttenkäse, Joghurt und Sherry verrühren.

3. Den Dip mit Salz und Pfeffer abschmecken, mit den zurückgelassem Sellerie und Schnittlauch bestreuen.

Tip: Zu Pellkartoffeln oder Chicorée reichen.

Staudensellerie, gefüllt (Foto)

600 g Staudensellerie	
300 g Roquefort	
200 g Doppelrahm-Frischkäse	
3 EL Weinbrand	

1. Staudensellerie putzen, das Grün aufbewahren, harte Außenfäden abziehen. Stangen waschen, trockentupfen, in etwa 7 cm lange Stücke schneiden und auf einer Platte anrichten.

2. Roquefort durch ein Sieb streichen, mit Frischkäse und Weinbrand verrühren. Die Creme auf die Stangen spritzen und mit zurückbehaltenem Grün garnieren.

Kräuterfrischkäse im Kressebett (Foto)

- 75 g Butter
- 200 g Doppelrahmfrischkäse
- 1 EL Crème fraîche
- etwas abgeriebene Zitronenschale (unbehandelt)
- 1 kleine Knoblauchzehe

- 1 TL Thymianblättchen
- 1 EL gehackte Petersilie
- 1 EL Schnittlauchröllchen
- 1 EL gehackte Borretschblätter
- 1 EL gehackte Zitronenmelisseblättchen
- Salz
- frisch gemahlener Pfeffer
- 1–2 Kästchen Kresse
- 1 Radieschen, in Scheiben

1. Butter zerlassen, etwas abkühlen lassen, mit Frischkäse, Crème fraîche und Zitronenschale geschmeidig rühren.

2. Knoblauch abziehen, durchpressen, mit den Kräutern unter die Käsecreme rühren, mit Salz und Pfeffer würzen. Käse in eine kleine Schüssel geben, 4–5 Stunden kalt stellen.

3. Kresse abspülen, trockentupfen und abschneiden, einen Teller damit auslegen. Käse mit einem Eßlöffel in Nocken abstechen, auf das Kressebett geben, mit Radieschenscheiben garnieren.

Gorgonzolacreme

- 100 g Gorgonzola
- 150 g saure Sahne
- Salz
- weißer Pfeffer
- 2 EL Pistazienkerne

1. Gorgonzola mit der Gabel zerdrücken, nach und nach mit der sauren Sahne verrühren. Sehrvorsichtig salzen und pfeffern.

2. Zum Servieren mit grob gehackten Pistazien bestreuen.

> **Tip:** Zu Staudensellerie, Möhrenstreifen und Crackern servieren.

Stilton-Dip

- 2–3 Frühlingszwiebeln
- 1 Stange Staudensellerie
- 3 EL Portwein
- 100 g Crème fraîche
- 125 ml (1/8 l) Schlagsahne
- 100 g Stilton-Käse
- Salz, weißer Pfeffer

1. Frühlingszwiebeln putzen und waschen. Staudensellerie putzen, waschen und harte Außenfäden abziehen. Nach Belieben etwas zum Garnieren zurückbehalten.

2. Beide Zutaten grob zerkleinern, mit Portwein, Crème fraîche und Sahne pürieren. Käse zerdrücken und unterrühren. Dip mit Salz und Pfeffer abschmecken.

3. Zurückgelassenen Sellerie in dünne Scheiben schneiden und den Dip damit garnieren.

Tip: Zu rohem Gemüse reichen.

Tomaten-Quark-Dip mit Gemüse

- 500 g Fleischtomaten
- 400 g grüner Pfefferquark
- 5–6 Stangen Staudensellerie
- 1 Staude Chicorée

1. Tomaten kurze Zeit in kochendes Wasser legen (nicht kochen lassen), in kaltem Wasser abschrecken, enthäuten, Stengelansätze herausschneiden, Tomaten halbieren, entkernen und in feine Würfel schneiden. Mit Quark verrühren und in einen tiefen Teller geben.

2. Staudensellerie putzen, die harten Außenfäden abziehen, Sellerie abspülen, gut abtropfen lassen, evtl. halbieren und in etwa 10 cm lange Stücke schneiden.

3. Vom Chicorée äußere Blätter entfernen, Strunk keilförmig herausschneiden, Chicorée in Blätter teilen, waschen und gut abtropfen lassen. Beide Zutaten mit dem Dip anrichten.

Bananen-Schinken-Mütze mit Rosmarincreme (Foto)

ca. 16 Stück

1 Zweig frischer Rosmarin
Pfeffer
Kräutersalz
1 Msp. Muskat
125 ml (1/8 l) Milch
500 g Doppelrahmfrischkäse
300 g roher luftgetrockneter Schinken in großen Scheiben (San Daniele oder Parma)
2 mittelgroße Bananen
1 Bd. Schnittlauch

1. Die Nadeln vom Rosmarin vom Stengel zupfen, kleinhacken und mit dem Pfeffer, dem Salz, dem Muskat und der Milch unter den Frischkäse rühren.

2. Die Schinkenscheiben ausbreiten und die Creme walnußgroß in die Mitte des Schinkens spritzen.

3. Die Bananen schälen, in 1 cm große Stücke schneiden und je 1 Stück neben die Creme setzen.

4. Die Schinkenenden zusammennehmen, über der Bananencreme vorsichtig drehen und mit einem Schnittlauchstengel zubinden.

Welsh rarebits (Englische Vorspeise)

16 Portionen

250 ml (1/4 l) Milch
50 g Butter
Salz
150 g Weizenmehl
30 g Speisestärke
4–6 Eier

1 gestr. TL Backpulver
125 g Schinken (roh oder gekocht)
125 g geriebener Käse, z. B. alter Gouda
16 runde Weißbrotscheiben
Butter

1. Milch, Butter und Salz zum Kochen bringen. Mehl und Speisestärke mischen, sieben, auf einmal in die von der Kochstelle genommene Flüssigkeit schütten, zu einem glatten Kloß rühren und unter Rühren etwa 1 Minute erhitzen.

2. Den heißen Kloß sofort in eine Rührschüssel geben, nach und nach Eier mit Handrührgerät mit Knethaken auf höchster Stufe unterarbeiten. Weitere Eizugabe erübrigt sich, wenn der Teig stark glänzt und so von einem Löffel abreißt, daß lange Spitzen hängenbleiben.

3. Backpulver in den erkalteten Teig arbeiten. Schinken in feine Streifen schneiden, mit dem Käse zu der Masse geben.

4. Brotscheiben mit Butter bestreichen. Käsemasse möglichst dick darauf häufen. Brot auf ein gefettetes Backblech setzen und auf der obersten Schiene in den Backofen schieben.

Ober-/Unterhitze: etwa 200 °C (vorgeheizt)
Heißluft: etwa 180 °C (nicht vorgeheizt)
Gas: Stufe 4–5 (vorgeheizt)
Backzeit: etwa 20 Minuten.

Knoblauchdip

4 Knoblauchzehen
Salz
frisch gemahlener Pfeffer
250 g Magerquark
150 g Crème fraîche
2 EL Tomatenwürfel
2 EL Schnittlauchröllchen

1. Knoblauch abziehen, mit Salz bestreuen und mit einem flachen Messer zerdrücken.

2. Mit den übrigen Zutaten zu einer Paste verrühren.

Tip: Gut gekühlt mit Kräckern, Chips und Gemüse servieren.

Der Apfel zum Dippen *(Foto)*

800 g verschiedene Apfelsorten
100 g Schokolade
300 g Schlagsahne
1 Prise Zimt
1 EL Vanillezucker
2 EL gemahlene Haselnüsse
2 EL Cornflakes
Zitronen- oder Orangensaft

1. Die Schokolade bei geringer Hitze schmelzen, mit 2 Eßlöffel flüssiger Sahne verrühren. Die restliche Sahne mit Vanillezucker und Zimt steif schlagen.

2. Die Hälfte davon mit den Nüssen vermischen. Die Cornflakes zerbröseln, mit der anderen Hälfte mischen. Die Äpfel waschen, trocknen, in Spalten schneiden, dabei die Kerngehäuse entfernen.

3. Die Apfelspalten mit etwas Saft beträufeln und vor dem Verzehr in die verschiedenen Dips tauchen.

Gemüse mit Dips

500 g junge Möhren	
4 Paprikaschoten (rot, grün und gelb)	
3 Zucchini (600 g)	
500 g Staudensellerie	
Schnittlauchhalme	
500 g Kohlrabi	
300 g gewaschene Blattsalatblätter, z.B. Römersalat	
500 g Spargel	
800 g gewaschene Salatgurke	
3 gekochte, gehackte Eier	
3 EL gehackte Kräuter	
3 EL Auberginenpaste	

1. Möhren putzen, schälen, waschen, evtl. halbieren. Paprika halbieren, entstielen, entkernen, die weißen Scheidewände entfernen, die Schoten waschen, in Streifen schneiden.

2. Zucchini waschen, abtrocknen, die Enden abschneiden, die Zucchini mit der Aufschnittmaschine längs in Scheiben schneiden, in kochendes Salzwasser geben, einmal aufkochen lassen, herausnehmen, die Möhren und die Paprikastreifen mit einem Drittel der Zucchinistreifen umwickeln.

3. Sellerie putzen, waschen, die harten Außenfäden abziehen, in 1/2 cm dicke und etwa 8 cm lange Stangen schneiden, die dickeren halbieren, mit Schnittlauchhalmen umwickeln.

4. Kohlrabi schälen, waschen, in 1/2 cm dicke und etwa 8 cm lange Stifte schneiden, mit blanchierten Möhrenstreifen umwickeln.

Für die Minzesahne:

5 EL Schlagsahne
150 g Magerjoghurt
1 Bund Pfefferminze
Salz, Pfeffer, Zitronensaft

Für den Paprikadip:

1 große rote Paprikaschote
1 Knoblauchzehe
1 EL Tomatenmark, Olivenöl
gemahlener Koriander

Für den Thunfischdip:

1 Dose Thunfischfilet im eigenen Saft
1 kleine Zwiebel
etwas Senf, 1 TL Kapern
2 EL Kräuter-Crème-fraîche
etwas Weißweinessig
Schnittlauchröllchen

5. Salatblätter mit dem zweiten Drittel Zucchinischeiben umwickeln.

6. Spargel von oben nach unten schälen, in kochendem Salzwasser etwa 10 Minuten garen, mit den restlichen Zucchinistreifen umwickeln. Gurke in 1/2 cm dicke Scheiben schneiden, die Mitte ausstechen, so daß Ringe entstehen, jeweils mit etwas Ei, Kräutern und Auberginenpaste füllen.

7. Für die Minzesahne Sahne steif schlagen, unter den Joghurt heben. Pfefferminze abspülen, die Blättchen abzupfen, trockentupfen, kleinhacken, unterrühren, die Minzesahne mit Salz, Pfeffer und Zitronensaft abschmecken.

8. Für den Paprikadip Paprika putzen, die Schote waschen, in Stücke schneiden. Knoblauch abziehen, beide Zutaten pürieren, mit Salz, Pfeffer, Tomatenmark, Öl und Koriander verrühren.

9. Für den Dip Thunfisch abtropfen lassen, einige Stücke beiseite legen. Zwiebel abziehen, Thunfisch und Zwiebel mit Salz, Pfeffer, Senf, Kapern, Kräuter-Crème-fraîche und Essig im Mixer grob zerkleinern, mit den Fischstücken und Schnittlauchröllchen anrichten. Gemüse auf einer großen Platte anrichten, mit den Dips servieren.

Dip Milano (Foto)

1 mittelgroße Zwiebel
5 Scheiben (etwa 50 g) Salami
1 Becher (150 g) Crème fraîche
Salz
Paprika edelsüß

1. Zwiebel abziehen und ebenso wie die Salami in feine Würfel schneiden.

2. Mit Crème fraîche verrühren, mit Salz und Paprika abschmecken.

Ziegenkäse, gegrillt, mit Speck

300 g frischer Ziegenkäse

1 EL gehackte Kräuter, z. B. Majoran, Rosmarin

1 EL gehackte schwarze Oliven

1 EL gehackte grüne Oliven

frisch gemahlener Pfeffer

12 Scheiben Frühstücksspeck (Bacon)

2 EL Olivenöl

1. Ziegenkäse durch ein Sieb streichen, mit gehackten Kräutern und Oliven sowie Pfeffer verkneten.

2. Die Käsemasse zu kleinen Bällchen formen, mit je einer Scheibe Frühstücksspeck umhüllen und diese mit einem Holzspießchen feststecken.

3. Käsebällchen mit Olivenöl beträufeln und unter dem heißen Grill leicht grillen.

Tip: Als Snack zum Wein reichen.

Grieben- und Apfelschmalz (Foto)

Für das Griebenschmalz:

750 g fetter Speck (möglichst eine flache Speckseite verwenden, da sie besser durchgeräuchert ist)

3 Zwiebeln

Für das Apfelschmalz:

250–275 g säuerliche Äpfel

1–2 TL gerebelter Majoran

1. Für das Griebenschmalz Speck in kleine Würfel schneiden, in einer großen Bratpfanne oder im Bratentopf auslassen.

2. Zwiebeln abziehen, in feine Würfel schneiden, zu dem Speck geben und braten lassen, bis die Grieben kroß sind. Das Schmalz in kleine Steinguttöpfe füllen, bei Zimmertemperatur erkalten lassen (nicht in den Kühlschrank stellen, da das Schmalz dann leicht krümelig wird).

3. Für das Apfelschmalz Äpfel schälen, vierteln, entkernen, in kleine Würfel schneiden.

4. Bevor das Schmalz (Zubereitung wie Griebenschmalz) in Töpfchen gefüllt wird, Apfelstücke und Majoran unterrühren.

Quark-Dip mit Schinken

- 125 g Speisequark
- 4 EL Buttermilch
- 100 g Lachsschinken
- Knoblauchsalz
- frisch gemahlener Pfeffer
- gemischte, gehackte Kräuter, z. B. Estragon, Kerbel, glatte Petersilie

1. Quark mit Buttermilch verrühren.

2. Lachsschinken in kleine Würfel schneiden, unterrühren.

3. Mit Knoblauchsalz und Pfeffer würzen und Kräuter unterrühren.

Tip: Zu frischem Gemüse servieren.

Tzatziki (Foto)

2 Portionen

- 100 g Salatgurke
- 3 Knoblauchzehen
- Salz
- 300 g Joghurt
- 1 EL Magerquark
- 2 EL saure Sahne
- Salz

1. Gurke waschen, trockentupfen und fein raspeln. Knoblauch abziehen und mit Salz zerdrücken.

2. Joghurt, Quark und saure Sahne glattrühren, mit Gurke und Knoblauchpaste vermengen.

Dip Bombay

- 1 mittelgroßer Apfel
- 1 Becher (150 g) Crème fraîche
- 2 EL Milch
- 1 TL Currypulver
- Salz
- frisch gemahlener Pfeffer

1. Apfel schälen, vierteln, entkernen, in feine Würfel schneiden.

2. Mit Crème fraîche, Milch, Currypulver verrühren und mit Salz und Pfeffer würzen.

Tip: Zu Hähnchenkeulen reichen.

Baguettes, Croissants

Pumpernickel mit Gorgonzola

12 Stück

1 EL abgezogene, gehobelte Mandeln
12 Pumpernickeltaler
4 EL Butter, 3 Salatblätter
200 g Gorgonzola

1. Mandeln in einer Pfanne ohne Fett hellbraun rösten. Pumpernikkeltaler mit Butter bestreichen.

2. Salatblätter abspülen und abtropfen lassen.

3. Gorgonzola auf zerpflückten Salatblättern verteilen und auf die Pumpernickeltaler legen. Mit Mandelblättchen bestreuen.

Sesam-Käse-Stangen

250 g Weizenmehl
1 Pck. Backpulver
125 g Magerquark
3 EL Milch
1 Ei
1 Eiweiß
3 EL Speiseöl
1 gestr. TL Salz
50 g geröstete Sesamsamen
25 g geriebener Parmesan
1 Eigelb
1 TL Milch

1. Mehl und Backpulver mischen, in eine Rührschüssel sieben.

2. Quark, Milch, Ei, Eiweiß, Öl und Salz hinzufügen, mit einem Handrührgerät mit Knethaken in 1 Minute zu einem Teig verarbeiten.

3. Sesamsamen und Parmesan unter den Teig kneten, auf der bemehlten Arbeitsfläche zu einer Rolle formen.

4. Teig knapp 1/2 cm dick ausrollen, 1 1/2 cm breite und 12 cm lange Streifen daraus schneiden oder rädern und auf ein gefettetes Backblech legen.

5. Eigelb mit Milch verschlagen, Teigstreifen damit bestreichen und das Backblech in den Backofen schieben.

Ober-/Unterhitze: 180–200 °C (vorgeheizt)
Heißluft: 160–180 °C (nicht vorgeheizt)
Gas: Stufe 3–4 (vorgeheizt)
Backzeit: 10–15 Minuten.

Tip: Zu Wein oder Bier oder als Beilage zu Bouillon reichen.

Lachs-Croissants

4 Stück

- 1 Chicorée
- 4 Croissants
- 120 g Pfefferkäse
- 4 EL Crème fraîche oder Schmand
- 12 Scheiben Räucherlachs
- 2 EL Crème fraîche oder Schmand
- Salz
- Pfeffer
- Paprika edelsüß
- 1/2 Bund Dill

1. Chicorée putzen, eventuell den Strunk herausschneiden, Chicorée waschen, in feine Streifen schneiden.

2. Croissants längs aufschneiden. Käse zerdrücken, mit Crème fraîche verrühren, die unteren Croissanthälften damit bestreichen, die Chicoréestreifen darauf verteilen.

3. Lachsscheiben zu Röllchen formen, jeweils 3 Röllchen auf eine Croissanthälfte geben.

4. Crème fraîche mit Salz, Pfeffer und Paprika würzen. Dill vorsichtig unter fließendem kaltem Wasser abspülen, mit Haushaltspapier trockentupfen, die Dillblättchen abzupfen, fein hacken, unter die Crème fraîche rühren.

5. Die Creme als Tupfen auf den Lachs geben, die obere Croissanthälfte daraufsetzen.

Gefüllte Baguettes

4 Stück

- 4 Baguettebrötchen (300 g)
- 40 g Butter
- Endiviensalatblätter
- 1 Tomate, in Scheiben geschnitten
- 100 g Salatgurkenscheiben
- 100 g gekochter Schinken (in Streifen)
- 200 g Käsescheiben
- Kräuter, z. B. Basilikum, Petersilie

1. Baguettebrötchen halbieren und mit Butter bestreichen.

2. Die unteren Hälften mit Endiviensalatblättern, Tomatenscheiben, Salatgurkenscheiben, Schinken, Käsescheiben und Kräuterblättern belegen.

3. Mit den oberen Baguettehälften bedecken.

Kaviarschnitten

8 Stück

75 g Butter

50 g Beluga-Kaviar

8 kleine Scheiben Baguette

Limettenscheiben

Zwiebelringe,
Dillzweige

1. Butter geschmeidig rühren, knapp die Hälfte des Kaviars zerdrücken, unter die Butter rühren.

2. Baguette mit etwas Kaviarbutter bestreichen, restliche Butter in einen Spritzbeutel mit gezackter Tülle geben, als Kranz auf die Brotscheiben spritzen, in die Mitte den übrigen Kaviar geben, Kaviarschnitten mit Limetten, Zwiebel und Dill garnieren.

Kümmelkaros

ca. 64 Stück

etwa 200 g TK-Blätterteig (3 Platten)

1 Ei

Salz

Pfeffer

Paprika edelsüß

Kümmelsamen

100 g geriebener Gouda

1. Blätterteig abgedeckt bei Zimmertemperatur auftauen lassen. Ei verschlagen, ein wenig davon auf die Teigplatten streichen (Ei darf nicht am Rand herunterlaufen).

2. Eine Platte mit Salz, Pfeffer, Paprika, Kümmel und mit einem Drittel des Käses bestreuen. Die zweite Platte mit der bestrichenen Seite darauflegen, mit verschlagenem Ei bestreichen, mit Salz, Pfeffer, Paprika, Kümmel und der Hälfte des restlichen Käses bestreuen. Die dritte Platte mit der bestrichenen Seite darauflegen.

3. Den Teig vorsichtig zu einem Quadrat (32 x 32 cm) ausrollen, Quadrate (4 x 4 cm) ausrädern, mit verschlagenem Ei bestreichen, mit Kümmel und restlichem Käse bestreuen. Die Teigplätzchen auf ein kalt abgespültes Backblech legen und in den Backofen schieben.

Ober-/Unterhitze: 200–220 °C (vorgeheizt)
Heißluft: 180–200 °C (nicht vorgeheizt)
Gas: Stufe 4–5 (vorgeheizt)
Backzeit: etwa 15 Minuten.

Kümmel

Kaviarbaguettes

ca. 20 Stück

200 g Mascarpone
Saft von 1 Limette
2 EL trockener Sherry
frisch gemahlener weißer Pfeffer
Salz
1 Baguette
100 g Beluga-Kaviar
100 g Lachskaviar
100 g Forellenkaviar
Basilikum

1. Mascarpone mit Limettensaft und Sherry zu einer streichfähigen Masse verarbeiten. Mit Pfeffer und Salz würzen.

2. Baguette in etwa 20 Scheiben schneiden, mit der Mascarponecreme bestreichen und mit Kaviar
belegen.

3. Basilikumblätter abspülen, trockentupfen und Baguettescheibchen damit dekorieren.

Kümmelstangen

150 g Weizenmehl
150 g geriebener mittelalter Gouda
150 g Butterflöckchen
1 Eigelb,
2 EL Milch
3 TL Kümmelsamen

1. Mehl in eine Schüssel sieben, Käse und Butter hinzufügen und zu einem glatten Teig verarbeiten. Etwa 30 Minuten kalt stellen.

2. Teig auf der bemehlten Arbeitsfläche 1/2 cm dick ausrollen. 8 cm lange und 2 cm breite Streifen daraus schneiden. Streifen an beiden Enden entgegengesetzt drehen und auf ein gefettetes Backblech legen.

3. Eigelb und Milch verschlagen, Stangen damit einstreichen und mit Kümmel bestreuen. Backblech in den Backofen schieben.

Ober-/Unterhitze: 180–200 °C (vorgeheizt)
Heißluft: 160–180 °C (nicht vorgeheizt)
Gas: Stufe 3–4 (vorgeheizt)
Backzeit: etwa 10 Minuten.

4. Kümmelstangen lauwarm servieren.

Schlemmerbaguette (Foto)

1 Baguette (etwa 25 cm lang)
40 g Butter
Eisbergsalatblätter
2 Scheiben gekochter Schinken
Tomatenscheiben von 2 Tomaten
Gurkenscheiben (150 g)
10 Radieschen in Scheiben
Streifen von 1/2 grünen Paprikaschote
Zwiebelringe von 2 Zwiebeln
2 hartgekochte Eier in Vierteln
1 EL gehackte Kräuter

1. Baguette längs halbieren. Die Schnittflächen mit Butter bestreichen.

2. Die untere Hälfte des Baguettes mit Eisbergsalatblättern belegen.

3. Schinken, Tomatenscheiben, Gurkenscheiben, Radieschenscheiben, Paprikastreifen, Zwiebelringe und Eierviertel darauf legen. Mit Kräutern bestreuen.

4. Die obere Hälfte des Baguettes daraufsetzen und servieren.

Toasts, Sandwichs und Torteletts

Gemüseecken mit Käseguß

1 Blech

Für den Teig:

250 g Weizenmehl
20 g Frischhefe
1 TL Zucker
3 EL lauwarmes Wasser
1 TL Salz
1 Msp. Pfeffer
4 EL Pflanzenöl
5 EL lauwarmes Wasser

Für den Belag:

3 Eier
1/2 TL Salz
1 Msp. Pfeffer
2 abgezogene Knoblauchzehen
100 g geriebener Emmentaler
1 Becher Crème fraîche (à 150g)
1–2 EL Milch
2 EL gehackte Kräuter (z. B. Schnittlauch, Petersilie, Kresse, Dill – je nach Jahreszeit frisch oder tiefgefroren)
100 g Lauch (Porree)
100 g rote Paprika
1 Dose Mais (285 g)

1. Für den Teig Mehl in eine Schüssel geben, eine Mulde hineindrücken. Die zerbröckelte Hefe, Zucker und Wasser in die Mulde geben, zu einem Vorteig verrühren. Die Schüssel zudecken und den Vorteig an einem warmen Ort 10 Minuten gehen lassen.

2. Alle übrigen Zutaten zum Vorteig geben und zu einem glatten Teig verarbeiten. An einem warmen Ort gehen lassen, bis er sich sichtbar vergrößert hat. Auf ein gefettetes Backblech ausrollen.

3. Für den Belag die Eier, Salz, Pfeffer, gepressten Knoblauch, Käse, Crème fraîche, Milch und gehackte Kräuter verrühren (Käseguß sollte nicht zu flüssig sein).

4. Lauch und Paprika putzen, waschen, Lauch in Ringe und Paprika in Streifen schneiden. Maiswasser abgießen. Lauch, Paprika und Mais mischen und auf dem Teig verteilen.

5. Käseguß darübergeben. Im Backofen auf mittlerer Schiene backen.

Ober-/Unterhitze: etwa 200 °C (vorgeheizt)
Heißluft: etwa 180 °C (nicht vorgeheizt)
Gas: Stufe 3–4 (vorgeheizt)
Backzeit: etwa 30 Minuten.

6. Den Kuchen zweimal längs und zweimal quer in 9 Quadrate schneiden. Jedes Quadrat nochmal quer halbieren, so daß 18 Dreiecke entstehen. Warm oder kalt servieren.

Tip: Je nach Geschmack und Jahreszeit können die Gemüseecken auch mit anderem Gemüse (Brokkoli, Zucchini, Champignons, Cocktailtomaten) belegt werden.

Aurora
Urkraft des Keimes

Torteletts, gefüllt (Foto)

12 Stück

300 g Champignons
3 EL Zitronensaft
Salz
frisch gemahlener Pfeffer
1 EL italienische Kräuter
2 EL Crème fraîche
6 Scheiben Mortadella
12 Torteletts für salzige Füllungen (Ø etwa 6 cm, fertig gekauft)
6 Scheiben Salami
Basilikumblättchen

1. Champignons putzen, mit Küchenpapier abreiben, evtl. abspülen, in dünne Scheiben schneiden, mit Zitronensaft beträufeln, mit Salz, Pfeffer und Kräutern würzen.

2. Crème fraîche unter die Champignonscheiben rühren und mit Salz und Pfeffer abschmecken.

3. Mortadella mit einem Ausstecher ausstechen (Ø 8–9 cm) und einmal bis zur Mitte einschneiden, jeweils zu einer Tüte formen und in 6 Torteletts legen. Salami ebenfalls bis zur Mitte einschneiden, zu Tüten formen und in die restlichen Torteletts legen.

4. Kurz vor dem Servieren Champignons in die Wursttüten füllen. Torteletts mit Basilikumblättchen garnieren.

Zwiebel-Tomaten-Toast

1 Portion

2 Zwiebeln
2 EL Speiseöl
Salz, Pfeffer
gemahlener Kümmel
1 Scheibe (50 g) Sechskorn- oder Sonnenblumenbrot
1 große Tomate (150 g)
50 g geriebener Emmentaler

1. Zwiebeln abziehen, in Ringe schneiden und in dem erhitzten Öl andünsten.

2. Mit Salz, Pfeffer und Kümmel würzen. Zwiebeln auf das Brot legen.

3. Tomate waschen, trockentupfen, in Scheiben schneiden und den Stengelansatz herausschneiden. Tomatenscheiben über die Zwiebeln geben, mit Käse bestreuen.

4. Brot unter den vorgeheizten Grill schieben und grillen oder im Backofen etwa 10 Minuten überbacken.

Eingelegte Mini-Mozzarella (Foto)

1 mittelgroßes Einmachglas
40 Mini-Mozzarellakugeln (300 g)
3 Knoblauchzehen
1 Stück unbehandelte Zitronenschale
1/2 Bund frischer Thymian
1 St. Rosmarinzweig
2–3 TL geschroteter Pfeffer
3 EL Rotweinessig
250 ml (1/4 l) Sonnenblumenöl

1. Den Mozzarella gut abtropfen lassen. Den Knoblauch abziehen und halbieren. Die Zitronenschale in feine Streifen schneiden. Die Kräuter waschen und mit Küchenpapier trockentupfen.

2. Die Mozzarellakugeln abwechselnd mit dem Knoblauch, der Zitonenschale, den Kräutern und dem Pfeffer in ein Glas schichten.

3. Den Rotweinessig darüberträufeln. Dann mit Sonnenblumenöl auffüllen, bis alle Zutaten bedeckt sind.

4. Das Glas gut verschließen. Im Kühlschrank aufbewahren. Innerhalb von einer Woche verbrauchen.

Beilage: Frisches Stangenweißbrot.

Toast Gibraltar

120 g Frischkäse
4 Scheiben Toastbrot
1 Banane
Zitronensaft
150 g Shrimps
Cayennepfeffer
gehackter Dill
4 Scheiben Tilsiter

1. Frischkäse gleichmäßig auf dem getoasteten Brot verstreichen.

2. Banane schälen, in dünne Scheiben schneiden, mit Zitronensaft beträufeln und 4 Scheiben auf jede Brotscheibe legen. Shrimps, Cayennepfeffer und Dill darüberstreuen.

3. Toastbrote mit Käsescheiben bedecken, auf ein Backblech legen. Backblech auf der 2. Einschubleiste von oben in den Backofen schieben.

Ober-/Unterhitze:
etwa 250 °C (nicht vorgeheizt)
Heißluft: etwa 230 °C (vorgeheizt)
Gas: Stufe 4–5 (vorgeheizt)
Backzeit: etwa 6 Minuten.

THOMY

Crunchy-Sandwich „Sunset Boulevard"

4 Portionen

250 g Kalbs- oder Putenleber
1 kleine Zwiebel (50 g)
1 Zweig frischer Salbei
50 g fetter Speck
10 g Butter
50 g Sonnenblumenkerne
Salz
Pfeffer
8 Trockenpflaumen (entsteint, 80 g)
50 ml Whiskey
1 EL körniger Senf
1 Blatt weiße Gelatine
100 ml Weißwein
2 große Tomaten (200 g)
8 Scheiben Vollkorn-Toastbrot
2 EL Mayonnaise

1. Die Leber waschen, trockentupfen, in Stücke schneiden. Die Zwiebel schälen und fein würfeln. Die Salbeiblätter waschen, gut trocknen.

2. Den Speck in kleine Würfel schneiden und in einer Pfanne in 5 g Butter auslassen. Die Zwiebelwürfel darin glasig braten, Salbei und Leber zugeben und unter Wenden 5 Minuten braten. Etwas abkühlen lassen, im Blitzhacker nicht zu fein pürieren. Backofen auf 180 °C vorheizen.

3. Sonnenblumenkerne unter die Lebercreme mischen, mit Salz und Pfeffer würzen. In eine gefettete flache Auflaufform füllen und auf dem Rost in den Backofen stellen.

Ober-/Unterhitze: 180 °C (vorgeheizt)
Heißluft: etwa 160 °C (nicht vorgeheizt)
Gas: Stufe 3–4 (vorgeheizt)
Backzeit: etwa 20 Minuten.

4. Die Pflaumen halbieren, im Whiskey mit dem Senf 5 Minuten leise kochen, dann abkühlen lassen. Zugedeckt im Kühlschrank aufheben. Die Form noch 10 Minuten im ausgeschalteten Backofen lassen. Herausnehmen und abkühlen lassen.

5. Gelatine in kaltem Wasser einweichen, fest ausdrücken und in 50 ml Weißwein bei mäßiger Hitze auflösen. Restlichen Wein dazugießen, über die Lebercreme geben. Mit Klarsichtfolie abdecken und im Kühlschrank mindestens 4 Stunden erstarren lassen.

6. Die Leberpastete stürzen (Form kurz in heißes Wasser tauchen) und in nicht zu dünne Scheiben schneiden – das geht am besten mit einem Elektromesser. Tomaten waschen, in Scheiben schneiden.

7. 4 Scheiben Toastbrot mit je 1/2 Eßlöffel Mayonnaise bestreichen, mit Tomaten- und Leberpastetenscheiben belegen. Die Whiskey-Pflaumen darauf verteilen und mit den restlichen Toastscheiben abdecken.

THE UNITED STATES OF
B14205897H
THIS NOTE IS LEGAL TENDER
FOR ALL DEBTS, PUBLIC AND PRIVATE

Sandwich mit Putenschnitzel

4 Portionen

8 Scheiben Sesambrot
40 g Butter
Salatblätter
2 Putenbrustfilets (200 g)
Salz, Pfeffer, Paprika edelsüß
3 EL Speiseöl
4 Scheiben Ananas (aus der Dose)

1. Brot mit Butter bestreichen. Salatblätter waschen, trockentupfen und 4 Brotscheiben damit belegen.

2. Putenbrustfilets unter fließendem kaltem Wasser abspülen, trockentupfen und in 4 Stücke schneiden. Mit Salz, Pfeffer und Paprika würzen.

3. Öl erhitzen, Filets von beiden Seiten etwa 5 Minuten darin braten und herausnehmen.

4. Ananas abtropfen lassen und in dem Bratfett von beiden Seiten leicht bräunen. Auf jeder Brotscheibe jeweils 1 Scheibe Putenbrustfilet und 1 Scheibe Ananas anrichten, mit den übrigen Brotscheiben bedecken und sofort servieren.

Riesensandwich (Foto)

1 Portion

1 Brötchen
20 g Butter
1 Salatblatt
1 gestr. EL Salatmayonnaise
3 Scheiben Bierschinken
3 Radieschen
Salz
frisch gemahlener Pfeffer
2 EL gehackte Kräuter
1 Scheibe Emmentaler
1 hartgekochtes Ei

1. Brötchen halbieren und die Schnittflächen mit Butter bestreichen.

2. Salatblatt waschen, trockentupfen und auf die untere Brötchenhälfte legen. Salatmayonnaise darauf verteilen.

3. Bierschinken aufrollen und darauflegen. Radieschen putzen, waschen, in dünne Scheiben schneiden, schuppenförmig auf die Wurstscheiben legen, mit Salz, Pfeffer und Kräutern bestreuen und mit Käse bedecken.

4. Ei pellen, in Scheiben schneiden, darauflegen und mit der oberen Brötchenhälfte bedecken.

Schinkensandwich „Phoenix" (Foto)

4 Stück

50 g Sonnenblumenkerne
1 unbehandelte Orange (300 g)
1 TL scharfer Senf
1 kleines Eigelb
100 ml Pflanzenöl
Salz
Pfeffer
1 Prise Zucker
5 Tropfen Tabasco
1 kleiner Kopf Frisée- oder Endiviensalat (100 g)
1/4 Honigmelone (200 g)
8 Scheiben Sesam-Toastbrot
200 g Rindersaftschinken

1. Die Sonnenblumenkerne hellbraun rösten, abgekühlt grob hacken. Die Orange heiß abwaschen, 1 Teelöffel Schale abreiben. Eine Hälfte schälen, in Scheiben schneiden. Die andere Hälfte auspressen.

2. Den Senf mit Eigelb, Orangenschale und 2 Eßlöffel Saft verrühren. Das Öl langsam unter ständigem Schlagen zufließen lassen, bis eine dicke Mayonnaise entstanden ist. Eigelb und Öl sollten die gleiche Temperatur haben! Mit Salz, Pfeffer, Zucker, Tabasco und weiteren 2 Eßlöffeln Orangensaft verrühren, die Sonnenblumenkerne untermischen, kühl stellen.

3. Vom Frisée die gelben Herzblättchen waschen, gut trocknen, zerpflücken. Die Honigmelone entkernen, schälen und in dünne Spalten schneiden.

4. 4 Scheiben Toast mit etwas Mayonnaise bestreichen, Salatblätter darauf verteilen, mit dem Rindersaftschinken und Melonenspalten belegen, einen dicken Klecks Mayonnaise daraufsetzen und mit den Orangenscheiben garnieren, mit Toastscheiben abdecken.

Sellerie-Sandwichs

2 Stück

- **4 Scheiben Toastbrot**
- **3 EL Butter**
- **1 Stange Staudensellerie**
- **50 g Roquefort**
- **50 g Crème fraîche**
- **50 g dunkle Weintrauben**
- **5 Walnußkerne**
- **Paprika edelsüß**

1. Toastscheiben toasten, mit Butter bestreichen.

2. Staudensellerie putzen, dabei das Grün an der Staude lassen, unter fließendem kaltem Wasser abspülen und in kleine Stücke schneiden.

3. Roquefort zerdrücken und mit Crème fraîche verrühren. Staudenselleriestücke in die Käsecreme geben.

4. Weintrauben halbieren, entkernen und in kleine Stücke teilen. Walnußkerne ebenfalls kleinschneiden. Alle Zutaten mit der Käsecreme verrühren und auf zwei Toastbrotscheiben verteilen.

5. Mit Paprika überstäuben und jeweils eine zweite Toastscheibe darüberklappen.

Piroggen und Windbeutel

Speckpiroggen

16 Stück

250 g Weizenmehl
1/2 TL Salz
100 g Butter
1 Ei
2 EL Wasser
250 g Schinkenspeck
3 Zwiebeln
2 EL Speiseöl
frisch gemahlener Pfeffer
1 Eigelb
1 EL Milch

1. Mehl in eine Rührschüssel sieben, Salz, Butter, Ei und Wasser hinzufügen. Mit Handrührgerät mit Knethaken zu einem geschmeidigen Teig verarbeiten, in Folie einwickeln und im Kühlschrank 30 Minuten ruhen lassen.

2. Schinkenspeck würfeln. Zwiebeln abziehen und würfeln. Öl erhitzen, Speck darin auslassen, Zwiebel hinzufügen und mitdünsten, mit Pfeffer würzen.

3. Den Teig auf einer bemehlten Arbeitsfläche zu einer Rolle formen, in 16 gleich große Stücke schneiden und rund ausrollen (Ø etwa 12 cm).

4. Je 1 Eßlöffel der Füllung in die Mitte geben, den Teig zu Halbkreisen zusammenlegen, die Ränder rundherum festdrücken.

5. Eigelb mit Milch verschlagen, die Piroggen damit bestreichen, auf ein Backblech geben und in den Backofen schieben.

Ober-/Unterhitze: 180–200 °C (vorgeheizt)
Heißluft: 160–180 °C (nicht vorgeheizt)
Gas: Stufe 3–4 (vorgeheizt)
Backzeit: 20–30 Minuten.

Schinken-Piroggen

Für den Teig:

- 300 g Weizenmehl
- 1 TL Backpulver
- 1/2 TL Salz
- 100 g kalte Butter
- 5 EL saure Sahne
- 1 Ei

Für die Füllung:

- 250 g gekochter Schinken
- 3 EL feingeschnittener Dill
- 60 g gekochter Reis
- 1 Zwiebel
- 1 EL Butter
- 100 g rosa Champignons
- Salz
- Pfeffer
- 1 Ei
- 2 EL Milch

1. Für den Teig Mehl und Backpulver mischen und in eine Schüssel sieben. Die übrigen Zutaten für den Teig hinzufügen.

2. Zuerst mit dem Handrührgerät mit Knethaken, dann auf der Arbeitsfläche rasch zu einem glatten Teig verkneten. In Folie gewickelt mindestens 1 Stunde kalt stellen.

3. Für die Füllung Schinken fein würfeln, mit Dill und Reis in eine Schüssel geben. Zwiebel abziehen, würfeln und in Butter weich dünsten.

4. Champignons putzen, mit Küchenpapier abreiben, evtl. abspülen, kleinhacken und hinzufügen. Bei starker Hitze unter Rühren so lange dünsten, bis die Flüssigkeit verdampft ist.

5. Zwiebel-Champignon-Mischung zum Schinken geben, salzen, pfeffern und gut vermischen.

6. Teig etwa 3 mm dick ausrollen und rund ausstechen (Ø etwa 10 cm). Füllung daraufgeben.

7. Ei trennen. Die Teigränder mit Eiweiß bestreichen, Teigplättchen zu Halbkreisen zusammenlegen und die Ränder mit einer Gabel rundherum festdrücken. Auf ein mit Backpapier ausgelegtes Blech legen.

8. Eigelb mit Milch verquirlen und die Teigoberfläche damit bestreichen. Backblech auf dem Rost in den Backofen schieben.

Ober-/Unterhitze: 180–200 °C (vorgeheizt)
Heißluft: 160–180 °C (nicht vorgeheizt)
Gas: Stufe 3–4 (vorgeheizt)
Backzeit: 15–20 Minuten.

Piroggen mit Kräuterquarkfüllung

Für den Teig:

300 g Weizenmehl
1/2 TL Backpulver
1 Ei
Salz
125 ml (1/8 l) Schlagsahne
80 g kalte Butter

Für die Füllung:

250 g Magerquark
1 EL saure Sahne
1 Ei
3 EL gehackte Kräuter
1 verschlagenes Ei

1. Für den Teig Mehl mit Backpulver mischen, in eine Schüssel sieben, in die Mitte eine Vertiefung eindrücken, Ei, Salz und Sahne hineingeben, mit einem Teil des Mehls zu einem dicken Brei verarbeiten.

2. Butter in Stückchen daraufgeben und mit Mehl bedecken. Von der Mitte aus alle Zutaten schnell zu einem glatten Teig verkneten, in Pergamentpapier wickeln und etwa 45 Minuten ruhen lassen.

3. Für die Füllung Quark gut abtropfen lassen, mit saurer Sahne, Ei und Kräutern verrühren und mit Salz abschmecken.

4. Den Teig 2–3 mm dick ausrollen, mit einer runden Form (Ø 10 cm) Plättchen ausstechen, die Teigoberfläche mit Ei bestreichen und etwas Quarkfüllung daraufgeben.

5. Die Plättchen zu Halbkreisen zusammenklappen, Ränder fest andrücken, die Oberfläche mit etwas Ei bestreichen und mit den Teigresten verzieren.

6. Die Piroggen auf ein gefettetes Backblech setzen und in den Backofen schieben.

Ober-/Unterhitze: etwa 200 °C (vorgeheizt)
Heißluft: etwa 180 °C (nicht vorgeheizt)
Gas: etwa Stufe 4 (vorgeheizt)
Backzeit: etwa 25 Minuten.

Pikante Windbeutel (Foto Seite 82/83)

8 Stück

Für den Teig:

250 ml (1/4 l) Wasser
50 g Butter
Salz
125 g Weizenvollkornmehl
4 Eier

Für die Füllung:

300 g Magerquark
3 EL Milch
2 Bund gemischte Kräuter, z. B. Petersilie, Dill, Schnittlauch, Kerbel
Zitronenpfeffer

1. Wasser mit Butter und einer Prise Salz in einem Topf zum Kochen bringen. Mehl auf einmal zugeben und unter Rühren so lange erhitzen, bis sich der Teigkloß vom Topfboden löst und sich am Topfboden eine Haut bildet.

2. Kloß sofort in eine Schüssel geben und Eier einzeln nacheinander mit einem Handrührgerät mit Knethaken einarbeiten. Mit einem Spritzbeutel oder 2 Eßlöffeln 8 gleich große Häufchen auf ein mit Backpapier belegtes Backblech setzen und in den Backofen schieben.

Ober-/Unterhitze: 200–220 °C (vorgeheizt)
Heißluft: 180–200 °C (nicht vorgeheizt)
Gas: Stufe 4–5 (vorgeheizt)
Backzeit: 25–30 Minuten.

3. Von den noch heißen Windbeuteln einen Deckel abschneiden.

4. Für die Füllung Quark mit Milch glattrühren. Kräuter abspülen, trockentupfen, die Blättchen von den Stengeln zupfen, fein hacken und mit Salz und Zitronenpfeffer abschmecken.

5. Die Masse in die abgekühlten Windbeutel füllen, Deckel aufsetzen und mit einem Petersiliensträußchen garniert servieren.

Tip: Während der ersten 15 Minuten Backzeit die Backofentür auf keinen Fall öffnen, da sonst das Gebäck zusammenfällt. Statt der Kräuterquarkfüllung kann auch eine Frischkäse-Kräuter-Füllung genommen werden.

Ostpreußische Piroggen

16 Stück

250 g Weizenmehl (Type 550)
2–3 EL kaltes Wasser
Salz
125 g weiche Butter
100 g durchwachsener Speck
100 g mild gesalzener Schinken
100 g Champignons
1 Eigelb
1 EL Milch

1. Für den Teig Mehl in eine Rührschüssel sieben, Wasser, Salz und Butter hinzufügen. Zuerst mit einem Handrührgerät mit Knethaken, dann mit den Händen rasch zu einem glatten Teig verarbeiten. Den Teig in Folie wickeln und mehrere Stunden kalt stellen.

2. Für die Füllung Speck und Schinken in kleine Würfel schneiden, Champignons putzen, mit Küchenpapier abreiben, evtl. abspülen, kleinhacken und mit den Schinkenwürfeln vermengen.

3. Den Teig auf einer gut bemehlten Arbeitsfläche zu einer Rolle formen, in 16 gleich große Scheiben schneiden, flachdrücken, jeweils 1 Eßlöffel der Füllung daraufgeben, den Teig über der Füllung zu Halbkreisen zusammenlegen und die Ränder mit einer Gabel rundherum festdrücken.

4. Piroggen auf ein Backblech legen. Eigelb mit Milch verschlagen und die Teigstücke damit bestreichen. Blech in den Backofen schieben.

Ober-/Unterhitze: 180–200 °C (vorgeheizt)
Heißluft: 150–180 °C (nicht vorgeheizt)
Gas: Stufe 3–4 (vorgeheizt)
Backzeit: 20–30 Minuten.

Verzeichnis der Rezepte nach Kapiteln

Verzeichnis der Rezepte in alphabetischer Ordnung